PEQUENO MANUAL DE MEDITAÇÃO

PARA CRIANÇAS QUE QUEREM
SE CONECTAR COM O MUNDO

Kiusam de Oliveira

ilustrações
Rodrigo Andrade

Rio de Janeiro
2022

Copyright © 2022
Texto: *Kiusam de Oliveira*
Ilustrações: *Rodrigo Andrade*

Editoras
Cristina Fernandes Warth
Mariana Warth

Coordenação de design e de produção
Daniel Viana

Assistente editorial
Daniella Riet

Revisão
BR75 | Clarisse Cintra

Este livro segue as novas regras do Acordo Ortográfico da Língua Portuguesa.

Todos os direitos reservados à Fernandes e Warth Editora e Distribuidora Ltda. Não é permitida a reprodução por qualquer meio mecânico, eletrônico, xerográfico etc., de parte ou da totalidade do conteúdo e das imagens contidas neste impresso, sem a prévia autorização por escrito da editora.

Este livro foi impresso na Gráfica Eskenazi, em São Paulo, em novembro de 2022.
O papel de miolo é couché matte 150g/m² e o de capa é cartão 250g/m².
As famílias tipográficas utilizadas são a Roboto e a Oyster.

DADOS INTERNACIONAIS DE CATALOGAÇÃO NA PUBLICAÇÃO (CIP)
ANGÉLICA ILACQUA CRB-8/7057

O47p

    Oliveira, Kiusam de
    Pequeno manual de meditação: para crianças que querem se conectar com o mundo / Kiusam de Oliveira; ilustrado por Rodrigo Andrade. – Rio de Janeiro: Pallas Míni, 2022.
    32 p.: il., color.

    ISBN 978-65-86983-24-1

    1. Literatura infantojuvenil 2. Meditação I. Título II. Andrade, Rodrigo

22-5891   CDD 028.5

Índices para catálogo sistemático:
1. Literatura infantojuvenil

Pallas Míni
Rua Frederico de Albuquerque, 56 – Higienópolis
CEP: 21050-840 – Rio de Janeiro – RJ
Tel.: 21 2270-0186
www.pallaseditora.com.br | pallas@pallaseditora.com.br

Dedicatória

Dedico este livro ao meu pai Ciciá, que é uma copa de água sempre a transbordar emoções; e à minha mãe Erdi (*in memoriam*), que encheu a minha vida de pura luz e alegria.

Ao Érico Felix de Souza, teraupeta holístico que, literalmente, salvou a minha vida no Espírito Santo, pois ao realinhar meus chacras, possibilitou essa história nascer em mim, marcando meu retorno para São Paulo, nova fase em minha vida.

Agradecimentos

Agradeço imensamente à Ranadhiira Renata, instrutora de Kemetic Yoga, terapeuta ayurvédica e assistente social, por sua generosidade em nos formar e informar sobre as posturas, nos trazendo tanto conhecimento sobre o Egito, no continente africano. Agradeço imensamente as conversas e trocas que tive com o professor doutor Ruy do Carmo Póvoas, linguista, Babalorixá do Ilê Axé Ijexá, da nação Ijexá, onde cultua Oxum. Ele trouxe as confirmações necessárias dessa grande ancestral ligada ao Oxibatá e à Meditação, através de itans e mitos.

Kiusam de Oliveira

Dedico ao meu pai, Antonio Lucio, que foi um homem muito turbulento em outros tempos, mas hoje é um rio de águas calmas e acolhedoras. Longa vida ao rei.

Rodrigo Andrade

Venha cá, sente-se ao meu lado.
Apazigue a mente e o coração,
respire calmamente, sem tensão.
Ouça o que vou dizer
com desejo de união.
Vibrar amor
é acolhedor,
tal qual ver o beija-flor
sugando o néctar,
um sonhador,
ao toque do tambor.
Só peço paciência,
fruto da experiência,
para que valorize a resiliência.
Calma é necessário.
Eu vou lhe explicar
e se assim o faço;
você vai acreditar.
Sabe o coração que bate
ao som do tum, tum, tum?
Manifestando o escarlate,
vibrando o sagrado *rum*.

Como faz?
Como faz?

rum: o maior dos três tambores usados em rituais religiosos africanos.

A primeira dica
é fechar os olhinhos,
acalmar o coração,
abrandar a respiração,
ter paciência e muita concentração.

Como faz?
Como faz?

A segunda dica
é se atentar.
Chame o vento pelo nariz
e o deixe ir pela boca.
Respirar,
devagar,
respirar,
devagar.

Como faz?
Como faz?

A terceira dica
vem da sua capacidade
de gerar criatividade.
Ao respirar
deixe tudo em você serenar.
Visualize
cores, cores e mais cores
girando, girando sem parar.

Como faz?
Como faz?

A quarta dica:
criação.
Ventos coloridos entram
pela cabeça e pelo nariz.
Pés e mãos ficam de fora, não.
Fazem do seu corpo uma pista, motriz,
ligado ao universo, matriz.
Fonte para o se deixar levar, feliz,
vibrando energias, sutis.

Como faz?
Como faz?

Na quinta dica
você precisa se ligar
no significado das cores.
Atenção deverá prestar:
branco, apazigua,
violeta, transforma,
índigo, purifica,
amarelo, revigora,
laranja, regenera,
azul, acalma,
verde, cura,
vermelho, desperta.

Como faz?
Como faz?

A sexta dica
vem com um gesto.
Tudo dá certo
quanto mais atenção presto.
Olhos fechados,
mãos sobre o coração.
Delicadeza é preciso
com o propósito da união
chamando o vento para dentro.
Em seguida,
deixando-o, naturalmente,
ir embora.
Com os olhos internos,
não pense na hora.
E assim,
pensamentos tagarelas
ficam silenciosos,
até que dormem profundamente
em ninhos sedosos.
Com o **Ori** vazio
não existe confusão.
A paz ressurgiu,
trazendo efusão.

Como faz?
Como faz?

Ori: cabeça

A sétima dica?
Só agradeça.
Ao universo
e ao planeta Terra,
à mamãe e ao papai,
à vovó e ao vovô,
à titia e ao titio,
à prima e ao tio-avô
à amiga e ao amigo,
ao professor e à professora.
Lembre-se do seu umbigo,
do doutor e da escritora.
A casa onde mora,
excelente lembrança.
A comida que te alimenta,
o momento da festança.
Adupé! Adupé! Adupé!
Obrigada! Obrigada! Obrigada!
Pelo chulé, pelo boné,
pela boa-fé e pelo cafuné.

Como faz?
Como faz?

Com a oitava dica
não se surpreenda.
Pois, a essa altura,
na consciência
abre-se uma fenda.
Com olhos ainda fechados,
cores bailam diante de ti.
Curta o momento,
para depois contar para mim.

Como faz?
Como faz?

A nona dica, elevação!
Sentirá seu corpo
flutuando no espaço.
Como testemunha, contemplação
das estrelas, da lua ou do sol
ouça o som sideral,
aguce a audição.
– Ommmmm!
Vibre: tudo é sensacional.
Focalize uma grande bolha,
a maior que conseguir imaginar.
Vá voando,
voando... voando
até perto dela chegar.
Chegou?

Como faz?
Como faz?

A décima dica propõe
que bem devagarinho
coloque as mãos sobre ela,
tudo com muito carinho.
Só sinta sua energia,
permita que lhe penetre.
Com a sua sinergia
o tempo não cronometre.

Como faz?
Como faz?

A décima primeira dica:
vibração.
Sinta seu corpinho
carregado de força,
emoção.
Da energia que emana do universo,
sua pulsão.
E, com consciência,
permita sua expansão,
que despertará sua verve
preenchida de imensidão.

Como faz?
Como faz?

A décima segunda dica
nos ensina da viagem voltar
movimentando os dedinhos
dos pés e das mãos devagar.
Faça meia ponta e ponta inteira com os pés.
Sem nenhum ponto de tensão,
nem pontapés,
espreguice até despertar.
O corpo movimente delicadamente
enquanto precisar.
Por fim, abra os olhos
quando de amor
seu coração transbordar.

Como faz?
Como faz?

A décima terceira dica propõe
que sinta o seu coração enorme.
É o amor, o amor, o amor
vibrando em você bem forte.
Olhe para os lados e abrace
quem e o que
estiver perto de você.
Deixe iluminar o seu ser
para que seja capaz
de em breve dizer
a palavra mágica
que engrandece nosso viver.

Como faz?
Como faz?

Que palavra é essa
com poder de comunhão?
Já sei, só pode ser
gratidão.
Muito mais
que um simples obrigado,
é quando o nosso Eu
agradece com compaixão,
emocionado pela reconexão.

Como faz?
Como faz?

Hora da descoberta.
Revelação: somos estrela!
E como tal
estrelas brincam, cantam, estudam,
escrevem, resolvem problemas.
Estrelas respeitam, amam, choram,
sorriem e comem guloseimas.

Como faz?
Como faz?

Você sabe o nome
do que fizemos agora?
Dou-lhe um abraço no sonho,
se adivinhar, por ora.
Dou-lhe uma,
dou-lhe duas,
dou-lhe três chances.
Só para você tentar.
Preste atenção,
sei que vai acertar.
– Eu sei, eu sei, mamãe pratica lá em casa,
enquanto afirma foco-atenção-respiração.
É uma filosofia ancestral africana
que se chama meditação.

Como faz?
Como faz?

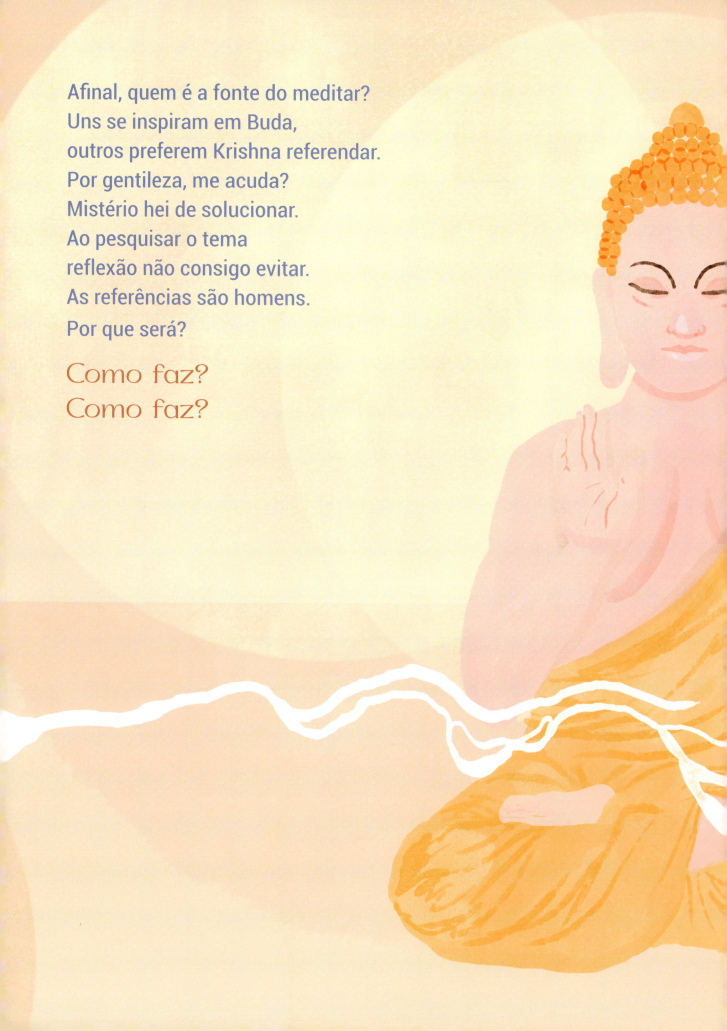

Afinal, quem é a fonte do meditar?
Uns se inspiram em Buda,
outros preferem Krishna referendar.
Por gentileza, me acuda?
Mistério hei de solucionar.
Ao pesquisar o tema
reflexão não consigo evitar.
As referências são homens.
Por que será?

Como faz?
Como faz?

Sua inspiração,
não sei de onde vem.
Mas a minha,
só a força feminina tem.
Ancestral das mais antigas
que sobre os **otás** brutos
nas águas doces caminha.
Lava seu **idá** e alisa seus pés,
brune seus **idés**,
sem se importar com as marés.
Rainha africana
que joga búzios e obís
ao dançar, encanta,
enfeitando seu corpo com cauris.

Como faz?
Como faz?

otás: pedras
idá: punhal
idés: pulseiras

Estrategista, mulheres ela defende.
Determinada, as dificuldades ela transcende.
Aprendeu a esvaziar o Ori
com uma folha sagrada
de nome Oxibatá.
Pelas Grandes Mães venerada
recebe vários nomes:
folha de lótus, golfo d'água,
ninfeia, lírio d'água.
Surpresa desperto quando falo
que tal folha veio da África.

Como faz?
Como faz?

Afinal, qual a divindade feminina
que me inspira a meditar?
O nome dela é Oxum
e só promove axé, o bem-estar.
Com Oxibatá,
meditar ela aprendeu
para ser menos ansiosa
e irradiar luz entre os seus.
Obatalá de presente lhe deu
oxibatá de flor azul,
venerada pelas deusas
Isis e Nefertum.
Nativa do Nilo, Egito,
sabedoria, inteligência e empoderamento traz.
Amada por Ewá, Iemanjá e Oxum,
fundamentada pelas sagradas iabás.

Como faz?
Como faz?

Oxibatá significa
"não se submete";
folha que vida dignifica
e que à autonomia nos remete.
Belíssima,
tem raízes sustentadas pela lama
enquanto a flor, orgulhosíssima
perfume ao sol flama.
A honorável ancestralidade africana
saúdo e celebro.
Fonte da vida humana
as mulheres eu venero.
Botar tudo em seu devido lugar,
mente e corpo conectados,
vibrando a frequência do amor
nossos pensamentos, transformados.

E a décima quarta dica, simplesmente.
Sinta, olhe, inspire Psiu!!!
Expire, toque, vibre Psiu!!!
Silêncio... Só sinta ele.
O amor sempre gentil.

Eu sou Kiusam de Oliveira.
Carrego alguns títulos, e os que mais valorizo são os seguintes: Iyálòrìsà Kiusam de Osòssí, pedagoga, doutora em educação, mestre em psicologia pela Universidade de São Paulo (USP) e terapeuta integrativa. Também sou escritora do que tenho chamado de Literatura Negro-Brasileira do Encantamento Infantil e Juvenil. Atuo como formadora de profissionais da educação nas temáticas educação, relações étnico-raciais e de gênero, com foco em uma educação antirracista.

Eu sou Rodrigo Andrade.
Depois da paixão por bibliotecas e livros com ilustrações quando pequeno, estudei artes gráficas e me especializei em desenvolvimento para web. Hoje, trabalho na área da educação digital, com desenvolvimento de conteúdo multimídia e animações. Busco formas criativas de abordar o lúdico e a diversidade em todos os sentidos, e isso é uma constante em meus desenhos. O espírito do menino negro nas bibliotecas, cheio de imagens na cabeça, está sempre em tudo que faço.